AF554375

ALZATE,

OU

LE PRÉJUGÉ DÉTRUIT,

PIÉCE EN UN ACTE ET EN VERS.

Par Monsieur G... DOURXIGNE

Omnia vincit Amor. *Virg. Bucol.*

Le prix est de 24 sols.

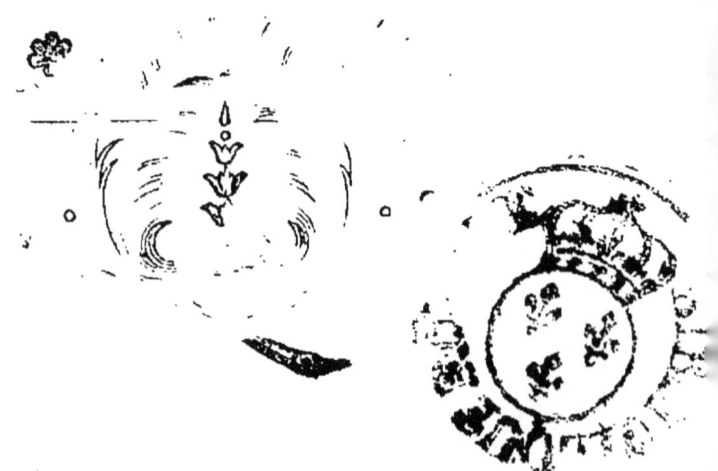

A BERLIN.

M. DCC. LII.

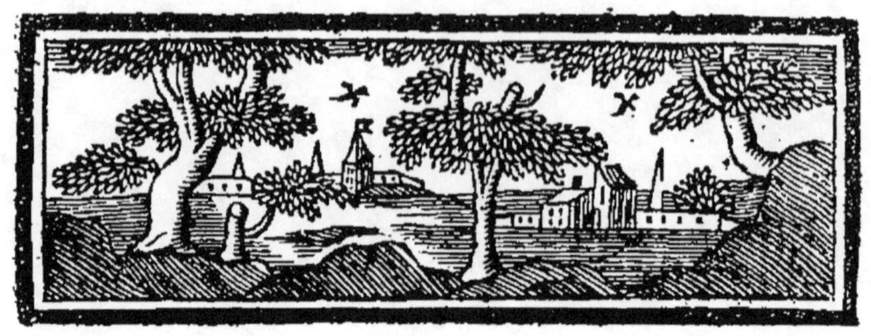

A MONSIEUR FRéron.

MODERNE Photius, Ami dont les Ecrits
Inſtruiſent à la fois & charment nos Eſprits,
Daigne ſouffrir que je t'adreſſe
Ce faible fruit de ma jeuneſſe,*
Ouvrage de l'Eſprit moins que du ſentiment.

---

* Cet Ouvrage fut compoſé & joué dans une ſociété en 1749; & l'on ne s'appercevra que trop, en le liſant, que l'Auteur étoit alors dans une extrême jeuneſſe.

Je connais de ton goût la ſévere juſteſſe;
Et n'oſe me flater que ſa délicateſſe
Puiſſe en ce coup d'eſſai trouver quelque agrément;
Mais ſi de cette bagatelle
L'hommage te parait une preuve fidelle
De l'amitié d'un cœur à te plaire empreſſé,
Je croirai mon travail aſſés récompenſé.

ALZATE,

OU

LE PRÉJUGÉ DÉTRUIT,

PIÉCE EN UN ACTE.

PERSONAGES.

ORONTE, *Pere de Valere.*

EGLÉ, *Femme d'Oronte.*

VALERE, *leur Fils.*

ALZATE, *Epouse de Valere, sous le nom de* LISETTE, *Suivante d'Eglé.*

ARISTE, *Ami de Valere.*

UN VALET.

La Scene est à Paris dans une Salle haute de la Maison d'Ariste, qui sépare son Appartement de celui d'Oronte.

ALZATE,

OU

LE PRÉJUGÉ DÉTRUIT,

PIÉCE EN UN ACTE.

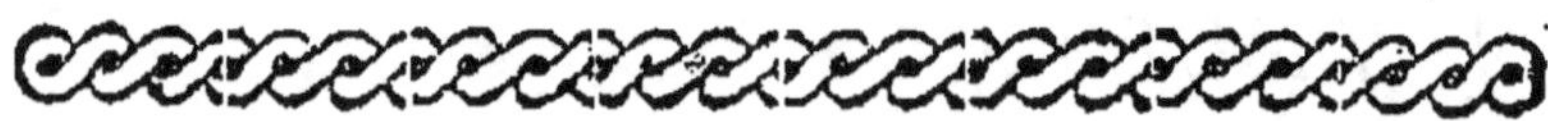

SCENE PREMIERE.

ARISTE, ORONTE.

ARISTE.

H ! quoi ! pour votre fils toujours inéxorable,
N'adoucirez-vous point le malheur qui l'accable ?

ORONTE.

Non ; pour lui pardonner, il m'a trop irrité.
Devoit-il me réduire à cette extrémité ?

Fils indigne de moi par ton vil hyménée,
Traine, loin de mes yeux, ta triſte deſtinée,
Dans la honte qui nait de l'oubli du devoir :
C'en eſt fait ; non, jamais, je ne veux te revoir.
Quelle douleur, Monſieur, peut égaler la mienne?
Quoi ! mon fils eſt l'époux d'une Comédienne !
Il s'eſt laiſſé charmer par de trompeurs appas !
Il ſouille un ſi beau ſang d'un ſentiment ſi bas !
Et vous voulez encor, qu'oubliant ſon offenſe,
Je ne pourſuive pas une juſte vangeance,
Et ceſſe de punir un ſi cruel affront,
Dont la honte à jamais réjaillit ſur mon front?
Pouvez-vous condamner le tranſport qui m'anime?
Ma rigueur envers lui n'eſt que trop légitime.
En vain tous vos diſcours ...

ARISTE.

Ah ! quelle dureté !
N'eſt-ce donc pas aſſés qu'il ſoit deshérité?
Doit-il encor ſentir le poids de votre haine?

ORONTE.

Oui, je le hais ſans doute.

ARISTE.

O colere inhumaine !
Funeſte Préjugé, dont le mortel poiſon
Dans les cœurs aveuglés étouffe la raiſon !

Vous haiſſez ce fils ! & quel eſt donc le crime,
Dont Valere, Monſieur, eſt l'injuſte victime ?
Quelle erreur vous engage à le déſavouer ?
Vous-même, avec raiſon, je vous ai vû louer
Les talens que du Ciel il reçut en partage,
Et rendre à ſon mérite un légitime hommage.
Vous vous félicitiez ſurtout avec ardeur
De trouver en ce fils les marques d'un bon cœur ;
Cependant devenu tout à coup inflexible,
Vous puniſſez ſon cœur d'avoir été ſenſible ;
Et contraire à vous-même on vous voit aujourd'hui
Blâmer cette douceur qui vous charmait en lui ;
Car enfin l'Amour ſeul contre lui vous irrite.

ORONTE.

Vous vous trompez, Monſieur ; c'eſt ſa lache conduite ;
Ma colere n'eſt point un effet du penchant
Qui le porte à brûler d'un amour innocent :
L'objet de ſon ardeur en eſt la ſeule cauſe ;
C'eſt à ce choix honteux que ma fierté s'oppoſe :
C'eſt lui ſeul qui m'aigrit, & je ne conçois pas,
Par quel charme ſecret, à d'indignes appas
Sacrifiant l'honneur d'une triſte famille,
Il a pu s'avilir par l'hymen d'une fille
Elevée au milieu d'une troupe d'Acteurs
Dans l'art pernicieux de ſéduire les cœurs.

C'est-là ce qui m'offense, & ma gloire en murmure.
Je ne pourrai jamais pardonner cette injure;
Et mon couroux sans cesse...

ARISTE.

Ah! pere trop cruel,
Souvenez-vous du moins quel est ce criminel.
Ouvrez, ouvrez les yeux, & dans votre vangeance,
Epargnez votre sang en celui qui l'offense.
En accablant un fils de votre inimitié,
Conservez pour vous-même un reste de pitié:
Et ne permettez plus qu'une haine implacable
Le punisse d'aimer une épouse estimable.

ORONTE.

Une épouse estimable!... Ah! sa condition
N'autorise que trop mon indignation.
Pour haïr un ingrat, en faut-il davantage?
Le deshonneur qui suit un pareil mariage
Peut-il se réparer?

ARISTE.

Sans doute, je dis plus.
Se deshonore-t-on par l'amour des vertus?
Quel que soit à nos yeux le voile qui la cache,
La vertu ne sçauroit en recevoir de tache.
Le mérite, Monsieur, est de tous les états.
D'une Actrice sans mœurs, je ferais peu de cas;

Mais lorſque la ſageſſe en ſa conduite éclate,
Ne point la reſpecter, c'eſt avoir l'ame ingrate;
De mille qualités l'aſſemblage parfait
Entraina votre fils dans le choix qu'il a fait.
Il trouva dans le cœur d'une Comédienne
Les ſentimens d'une ame au-deſſus de la ſienne,
Et crut pouvoir par-là juſtifier un feu,
Qui ſerait innocent, s'il avait votre aveu.

ORONTE.

Je vois qu'en ſa faveur votre cœur s'intéreſſe,
Juſqu'au point d'excuſer en lui ce qui me bleſſe.
C'eſt me déſobliger d'une étrange façon.
Je me ſerais paſſé d'une telle leçon;
A mon âge, l'on ſçait comme il faut ſe conduire:
De peur de trop parler, enfin, je me retire,
Et vous laiſſe, Monſieur ....

SCENE II.

ARISTE *ſeul.*

LA colere l'aigrit.
Mon zéle impatient peut-être en a trop dit.
N'importe: pourſuivons ce généreux ouvrage:
Rempliſſons le devoir où l'amitié m'engage.
Et par d'autres efforts ... Mais que veut ce Valet?

SCENE III.

ARISTE, UN VALET.

LE VALET.

Un étranger, Monſieur, veut vous voir en ſecret.
Peut-il entrer ?

ARISTE.

Dis-lui qu'il s'en donne la peine.

SCENE IV.

ARISTE, VALERE.

ARISTE.

Quoi ! Valere, c'eſt vous ? Quel ſujet vous amene ?

VALERE.

Ami, vous en ſerez tout à l'heure éclairci ;
Mais puis-je librement vous en parler ici ?

ARISTE.

Parlez, vous le pouvez ſans crainte.

VALERE.

Cher Arifte,
Apprenez donc de moi combien mon fort eft trifte.
Sachez l'état horrible où d'un pere irrité
Me réduit en ce jour l'infenfibilité.
Sous cet habit honteux pouvez-vous reconnaître,
(Voyant ce que je fuis) ce que j'ai ceffé d'être?
Ce n'était point affés que le deftin jaloux
Contre moi de mon pere eût armé le couroux;
Que d'un vil préjugé victime déplorable,
Dépouillé de mes biens & d'un rang honorable;
J'euffe vû l'objet feul qui fçut fixer mes vœux
Livré par l'indigence aux maux les plus affreux.
La fortune toujours attachée à me nuire ....
Je ne puis achever.

ARISTE.

Ciel! que voulez-vous dire?
Valere, pourfuivez. Craignez-vous que mon cœur
N'abandonne le vôtre à fa vive douleur?
Ou, que de vos fecrets ma confiance abufe?
Ce feroit m'offenfer fenfiblement.

VALERE.

Excufe;
Ami, de mon fecret quand tu feras inftruit,
Quand tu fçauras l'état où le fort m'a réduit,
Tu ne paraîtras plus étonné, fi j'héfite
A pourfuivre un difcours dont ma douleur s'irrite.

Je vais donc de mes maux te retracer l'horreur.
Ce récit ſeul pourra faire frémir ton cœur.
Victime d'une baſſe & noire ingratitude
Le mien ... Ah!

ARISTE.

Tirez-moi de cette inquiétude;
Achevez ...

VALERE.

Mon épouſe ...

ARISTE.

Et! bien?

VALERE.

Dont les ſermens
M'ont juré mille fois les feux les plus conſtans,
Et pour qui prévenu d'une égale tendreſſe
D'une fidelle ardeur mon cœur brûla ſans ceſſe;
(Lorſque je faiſais tout, pour adoucir l'aigreur
De l'état, où d'un pere aveugle en ſa fureur
Le déſaveu cruel avait pu nous réduire,
Lorſqu'un rayon d'eſpoir commençait à nous luire,
Et que par le crédit d'amis zélés pour moi,
Je pouvais aſpirer à remplir quelque emploi:)
Cette épouſe ſi chere aujourd'hui m'abandonne!
Je frémis quand j'y ſonge, & mon ame ſoupçonne...

ARISTE.

Ah! devez-vous douter de ſa fidélité?

Jugez mieux de ſon cœur.

VALERE.

Non, d'une lâcheté
Je ne puis en effet croire Alzate capable ;
Cependant envers moi ſa conduite eſt coupable.
Si ſa fuite n'avait qu'un innocent motif,
Son cœur à m'en inſtruire eût-il été craintif?
La crainte fut toujours la compagne des crimes.
Ah ! ſi pour un rival des feux illégitimes
Allumés dans ſon ame ...

ARISTE.

Eh ! Valere, arrêtez.
Ces ſoupçons peuvent-ils par vous être écoutés ?
Oſez-vous vous livrer à cette jalouſie
Sans être sûr ...

VALERE.

Hélas ! quelle eſt ma frénéſie ?
Moi, jaloux ! qu'à ce point je ſois empoiſonné,
Ma raiſon juſques-là m'aurait abandonné !
Quelle erreur me ſéduit ? eh, quoi, divine Alzate,
J'ai porté la noirceur juſqu'à te croire ingrate.
Pardonne à mon amour : il me trouble l'eſprit.
D'un injuſte courroux ton abſence eſt le fruit ;
Je le vois trop : outré d'un hymen qui le bleſſe
Mon pere a cru par là détruire ma tendreſſe,
Et t'a fait enlever ſur ce frivole eſpoir.

Sans doute il s'est flatté, que cessant de te voir,
J'oublîrais tes appas, & qu'une longue absence
Triompherait enfin de ma persévérance ;
Mais qu'il apprenne hélas! que malgré son courroux,
Je suis & je serai pour jamais ton époux,
Et qu'aux pieds des autels, d'une flamme éternelle
Je ne t'ai pas donné la preuve solemnelle,
Pour aller aujourd'hui, sensible à sa rigueur,
Démentir des sermens que m'a dictés mon cœur,
S'il m'a déshérité, ce pere trop barbare,
Je ne suis plus son fils ... Pourquoi donc? je m'égare.
Pardonne à ton ami mortellement blessé
Ces funestes transports d'un époux offensé.
Ma force m'abandonne, & ma douleur extrême
Me livre au désespoir en perdant ce que j'aime.

ARISTE.

Allez : attendez tout de ma vive amitié ;
Votre malheureux sort est digne de pitié.
Soyez sûr que mon zéle auprès de votre pere
De cet enlevement percera le mistere.
D'ailleurs Eglé vous aime, & vous pouvez compter
Que de son repentir je sçaurai profiter.
Mes efforts redoublés ont sçu toucher son ame ;
Elle vient, laissez-nous.

SCENE

SCENE V.

ARISTE, EGLE', LISETTE.

ARISTE.

J'Allais chez vous, Madame :
Je ſuis confus par vous de me voir prévenir.

EGLE'.

Laiſſons les complimens : j'ai cru devoir venir
Vous conſulter ici ſur une grande affaire.
Vous m'êtes attaché par un zéle ſincere.
Je me fais un devoir de ſuivre vos avis ;
Et je vous compte au rang de mes meilleurs amis.

ARISTE.

Cette diſtinction m'eſt trop avantageuſe,
Pour ne pas ....

EGLE'.

Ah ! Monſieur, que je ſuis malheureuſe !
Que je ſouffre de maux, depuis l'inſtant cruel,
Qu'étouffant pour un fils mon amour maternel,
Malgré la voix du ſang qui me parlait ſans ceſſe,
De le ſacrifier mon cœur eut la faibleſſe !
Depuis ce jour affreux, de mes malheureux jours
Le remords qui me ronge empoiſonne le cours.

De Valere toujours me retraçant l'image,
D'un préjugé cruel je déteste l'ouvrage.
J'embrasse son parti contre un pere en fureur.
Je me reproche aussi l'excès de ma rigueur.
Mon cœur éprouve enfin les plus rudes allarmes ;
Et mes yeux sont sans cesse arrosés de mes larmes.

ARISTE.

Votre remords est juste, & j'y vois clairement
De la nature en vous un doux pressentiment,
Que bientôt à ce fils rendant plus de justice,
Vous ne souffrirez pas, Madame, qu'il périsse.

EGLE'.

Qu'il périsse, Monsieur, que j'endure sa mort !
De grace, instruisez-moi de son funeste sort ?
Vit-il encore ?

ARISTE.

Il vit ; mais dans son infortune
Il ne voit qu'à regret le jour qui l'importune,
Depuis qu'il a perdu l'objet seul dont l'ardeur
De ses tristes destins adoucissait l'horreur.
Il ne peut imputer qu'au courroux de son pere,
L'enlevement fatal d'une épouse si chere ;
Et dans le désespoir où ce coup l'a réduit,
De tant de cruauté sa mort sera le fruit.

EGLE'.

Ciel ! que me dites-vous ?

ARISTE.

N'en doutez point, Madame ;
Si pourtant le remords qui s'éleve en votre ame
Vous fait plaindre le sort d'un fils dont les malheurs
Aux plus barbares yeux arracheraient des pleurs ;
Si rappellant pour lui vos premieres tendresses
Vous pouvez de son cœur excuser les faiblesses ;
Si vous voulez enfin terminer ses ennuis ;
Servez-vous au plûtôt, en faveur de ce fils,
De tout votre pouvoir sur l'esprit de son pere.
Pourra-t-il résister aux larmes d'une mere ?
Tout irrité qu'il est, Madame, il est époux ;
Une femme aisément fléchira son courroux.
Pour Valere aujourd'hui que faut-il que j'augure ?
Vous pleurez ?... Mais songez, qu'en cette conjoncture,
Pour réparer d'un fils les injustes malheurs,
Il ne vous suffit pas de répandre des pleurs.
Ne vous arrêtez point à de stériles plaintes.
Portez à votre époux les plus vives atteintes.
Que son cœur paternel soit par vous ébranlé.
J'irai me joindre à vous, quand vous aurez parlé :
Découvrez à ses yeux votre douleur secrette.

EGLE'.

J'y consens, aidez-moi ; mais tu gémis, Lisette.

Qu'il m'eſt doux de te voir partager mes ennuis !
J'ai beſoin de ſecours en l'état où je ſuis.
Oui, Monſieur, ſans tarder, je vais trouver ſon pere.
Il reverra le fils dans les traits de ſa mere.
Peut-être il ne pourra me voir à ſes genoux,
Sans laiſſer à la fin déſarmer ſon courroux.
Je répandrai des pleurs; vous y joindrez les vôtres:
Ses yeux en verſeront voyant couler les nôtres ;
Et l'amour paternel du préjugé vainqueur
Lui fera révoquer l'arrêt de ſa fureur.
Je l'eſpere du moins.

LISETTE.

Oui ſans doute, Madame.
Vos pleurs le toucheront, il faudrait que ſon ame,
Pour s'obſtiner encor dans cette dureté,
Se dépouillât enfin de toute humanité.
Je ne le puis penſer de mon généreux Maître,
Et crois que, ſi ſon fils pouvait ici paraître,
Il ne le verrait pas ſans trouble à ſes genoux :
Ses larmes porteraient d'inévitables coups.
Moi-même j'oſerai défendre auſſi ſa cauſe ;
Et peut-être mes pleurs y feront quelque choſe.

EGLE'.

Que j'aime à voir, Liſette, éclater cette ardeur !
Ton zéle, pour Valere, eſt l'effet d'un bon cœur.
Je t'en ſuis obligée, & ſçaurai reconnaître
Les tendres ſentimens que tu me fais paraître.

Je penſe qu'en effet, Monſieur, elle a raiſon.
Il faut que mon fils vienne, & que dans la maiſon,
Il ſe tienne caché de maniere qu'il puiſſe
Se préſenter à nous dans le moment propice.

ARISTE.

J'approuve ce projet : il eſt bien concerté,
Madame ; mais avant qu'il ſoit exécuté,
Si vous daignez m'en croire, il faudra, par avance,
Sonder le cœur d'Oronte en cette circonſtance,
Afin de l'engager, à ne pas refuſer
La grace de ſon fils, s'il venoit s'excuſer.
Alors perſuadé du malheur de Valere
Votre époux promettra de calmer ſa colere.
Il tiendra ſa parole, & Valere aujourd'hui
Pourra ſans crainte enfin ſe préſenter à lui.

EGLÉ.

Je vous jure, Monſieur, d'y faire mon poſſible ;
Le malheur de mon fils ne m'eſt que trop ſenſible.
Mais faites-le venir ; je brûle de le voir.
Dites-lui que ſa mere eſt preſque au déſeſpoir
D'avoir pu conſentir un moment à ſa peine.

ARISTE.

Dans une heure, Madame, à vos pieds je l'amene.

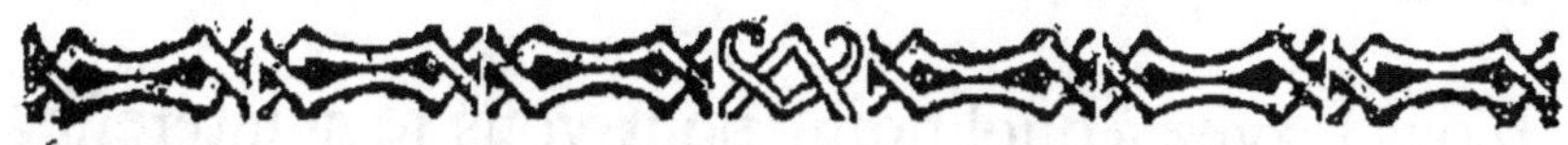

SCENE VI.

ARISTE *seul.*

CE début m'encourage, & j'espere en ce jour
Servir avec succès Valere & son amour ;
Mais déja sur vos pas vous revenez, Lisette.

SCENE VII.

ARISTE, LISETTE.

LISETTE.

OUI, je rentre, Monsieur, & mon ame inquiéte
Voudrait vous confier un important secret ;
Si j'osais ...

ARISTE.

Pensez-vous que je sois indiscret ?

LISETTE.

Non, votre cœur sans doute est animé d'un zéle
Pour vos amis toujours tendre, actif, & fidéle.
Je tremble toutefois de vous importuner.

ARISTE.

Non, ne me cachez rien : parlez sans vous gêner.

Vous sçavez à quel point pour vous je m'intéresse.

LISETTE.

Bas.

Lui ferai-je l'aveu de toute ma faiblesse ?

Haut.

Je me trouble, Monsieur ; & comment, sans frémir,
Vous découvrir un feu qui me force à gémir ?
Je prévois le reproche où ce discours m'expose.
Dois-je de mes chagrins vous apprendre la cause ?

ARISTE.

Que dites-vous, Lisette, & qui peut en ce jour,
Rendre votre destin si malheureux ?

LISETTE.

L'amour.
D'un pere & d'une mere il m'a ravi l'estime.
Le préjugé pourtant cause seul tout mon crime ;
Et votre cœur sans doute approuvera mes feux,
Quand vous sçaurez le nom de l'objet de mes vœux.

ARISTE.

Ah ! ne differez plus, & rompez le silence.
De ces retardemens mon amitié s'offense.

LISETTE.

Vous connaissez Valere, & vous plaignez son sort.
Je le plains encor plus, Monsieur...

ARISTE.

Mais quel rapport

Ses malheurs peuvent-ils avoir à votre affaire ?

LISETTE.

Je suis ... Hélas ! ...

ARISTE.

Parlez.

LISETTE.

L'épouse de Valere.

ARISTE.

O Ciel ! est-il possible ?

LISETTE.

Oui, Monsieur, je le suis.

ARISTE.

Quoi vous êtes Alzate ?

LISETTE.

Il est vrai.

ARISTE.

Je ne puis,
Madame, revenir de ma surprise extrême.

ALZATE.

Ce que j'ai fait pour lui prouve à quel point je l'aime.

J'ai

J'ai cru de ses parens excitant la pitié
Sous ce déguisement gagner leur amitié.
Mais j'ouvre enfin les yeux ; mon espérance est
vaine :
Ils ne verront en moi qu'une Comédienne,
Qui d'un rebelle fils a causé les malheurs ;
Et la prévention renaissant en leurs cœurs,
Leur persuadera, que j'ai sçu d'une actrice,
Pour séduire Valere, employer l'artifice.
Cependant le Ciel sçait que, malgré mon penchant,
J'ai long-tems combattu les vœux de mon amant ;
Je l'ai fui ; j'ai cent fois dit moi-même à Valere,
Que cette passion irriteroit son pere.
A ses sens égarés j'ai rappellé cent fois
L'obstacle rigoureux qui reprouvoit son choix ;
Mais qu'il est mal aisé d'arrêter dans une ame
Les rapides progrès d'une innocente flamme !
La raison parle en vain ; l'amour brave ses traits ;
Et sans cesse on combat, pour ne vaincre jamais.
Valere à mes discours fut toujours indocile ;
Et pour tout fruit enfin d'un effort inutile,
A l'épouser, Monsieur, il fallut consentir.
Depuis ce temps, nos feux, loin de se ralentir,
S'augmentaient chaque jour dans une paix pro-
fonde.
Satisfaits l'un de l'autre, oubliant tout le monde,

Nous nous croyions heureux, lorſqu'un pere en fureur
D'un préjugé cruel écoutant la rigueur
Priva de tous ſes biens l'infortuné Valere.
Cet arrêt commença notre longue miſere.
Quels maux, depuis ce jour, n'avons nous pas ſoufferts ?
L'indigence bientôt combla tous nos revers.
Ce fut alors, Monſieur, qu'au déſeſpoir réduite
Je formai le projet d'une imprudente fuite.
Pour mieux l'exécuter, je crus devoir partir
Sans conſulter Valere, & ſans l'en avertir.
Je vins donc en ces lieux, où, par un ſort propice,
Eglé, ſous un faux nom, me prit à ſon ſervice.
Ainſi, ſans me connaître, utile à ſes parens,
J'ai ſçû gagner leur cœur par mes ſoins vigilans.
Déja mes diſcours même avaient, de ma maîtreſſe
Pour un fils innocent réveillé la tendreſſe ;
Mais ſon pere qu'en vain j'ai taché démouvoir
Laiſſe à peine à mon cœur un ſeul rayon d'eſpoir.
D'ailleurs un juſte effroi rend mon ame interdite ;
Valere ne ſçait pas le motif de ma fuite :
Il ignore où je ſuis : il peut me ſoupçonner
D'avoir honteuſement voulu l'abandonner ;
Et maintenant peut-être il me traite en ſon ame ;
D'ingrate, de parjure ...

ARISTE.

Eh ! pouvez-vous, Madame,
Le penser d'un époux aussi tendre que lui ?

ALZATE.

Ah ! quand cela serait, je ne puis aujourd'hui
Reprocher à son cœur un soupçon légitime.
Ma démarche, Monsieur, doit lui paraître un crime.
Il est temps d'éclaircir cette fatale erreur.
Daignez donc l'informer, que c'est ma seule ardeur
Qui chez ses parens même à servir m'a réduite,
Qu'un intérêt si tendre a seul causé ma fuite.
Crédule, j'espérais que d'un pere irrité
Je pourrais par mes soins vaincre la dureté.
Dois-je encor m'en flatter ?

ARISTE.

De Valere lui-même
L'aspect va dissiper cette frayeur extrême.
Il vous chérit toujours.

ALZATE.

Mon époux est ici ?
Ah ! courons le chercher...

ARISTE.

Madame, le voici.

SCENE VIII.

ARISTE, VALERE, ALZATE.

VALERE.

Que vois-je ? ô Ciel ! Alzate ?

ALZATE.

Oui, cher époux, c'est-elle,
Que sa fuite a dû rendre à vos yeux criminelle ;
Mais un mot suffira pour me justifier.
Hélas ! loin que mon cœur ait pû vous oublier,
N'imputez qu'à mes feux ma soudaine retraite ;
Je sers chez vos parens sous le nom de Lisette.
Pour gagner leur estime, & fléchir leur courroux,
J'ai tenté cette voye.

VALERE.

Ah ! que m'apprenez-vous ?

Après une petite pause.

Confus, désespéré, je rougis, chere Alzate,
De t'avoir soupçonnée un instant d'être ingrate.
Comment réparerai-je un tel excès d'horreur ?
Mon trouble & mes remords ont déja dans mon cœur,

Porté les premiers traits d'une juſte vangeance.
C'eſt à toi d'achever de punir mon offenſe.
Cependant, ſi le crime eſt dans ta volonté,
Je ſuis peut-être encor digne de ta bonté.
Mon ſoupçon fut l'effet de ma délicateſſe;
Ta fuite m'enlevait l'objet de ma tendreſſe:
Jaloux, j'oſai douter un moment de ta foi,
Et mon crime eſt parti de mon amour pour toi.
Ce n'eſt pas que mon ame ouverte à l'artifice
Veüille de ſes tranſports excuſer l'injuſtice:
Il ſuffit que mon cœur ait pû te ſoupçonner;
Et ſi le tien s'obſtine à me les pardonner,
Je ſerai le premier à m'en punir moi-même.
Oüi, je jure à tes pieds, tendre épouſe que j'aime,
Que coupable envers toi ...

ALZATE.

Valere, levez-vous.
C'eſt bien plûtôt à moi d'embraſſer vos genoux;
A moi qui par ma fuite & par mon imprudence
Ai mérité l'affront de votre défiance.
Oublions l'un & l'autre un écart criminel,
Ouvrage infructueux d'un amour mutuel.
Ma fuite n'eut pour but que d'employer mon zèle
A réparer vos maux, & votre cœur fidèle
N'a ſoupçonné le mien durant quelques momens,

Que, parce que l'abſence aigriſſait vos tourmens.
Pardonnons à nos cœurs cette injure commune.
Nous-mêmes n'allons pas combler notre infortune.
Evitons, cher époux, d'inutiles remords.
Livrons-nous ſeulement à nos tendres tranſports.
Soyez toujours certain de la foi d'une épouſe :
Alzate en amour ſeul de vous vaincre eſt jalouſe :
Diſputez, s'il ſe peut, ce triomphe à mon cœur ;
Et jurons-nous ſans ceſſe une éternelle ardeur.
Nul autre bien ne peut contenter ma tendreſſe.

VALERE.

Qu'oſes-tu dire, hélas ! pardonne à ma faibleſſe,
Trop adorable Alzate, & connais mieux ma foi.
Que ces épanchemens ont de douceur pour moi !
Que ton ame eſt ſenſible, & qu'elle eſt généreuſe !
Ah ! mon pere, pourquoi ta haine rigoureuſe
A-t-elle pour objet un cœur ſi précieux ?
En vain le préjugé t'a ſçu fermer les yeux.
Quand tu reconnaîtras, qu'à te plaire empreſſée
Ta fille à te ſervir s'eſt ſans peine abaiſſée,
Que Liſette eſt Alzate, un trait ſi généreux
Te fléchira ſans doute, & comblera nos vœux.
L'épouſe de ton fils pouvait-elle plus faire ?

ALZATE.

Je n'en ai pas encore aſſez fait, cher Valere.

J'aime mieux voir briſer de ſi tendres liens,
Que de vous voir privé pour jamais de vos biens.
Oüi : d'un pere irrité ſi l'implacable haine
S'obſtine à vouloir rompre une ſi ſainte chaine,
Si ma fuite peut ſeule appaiſer ſa rigueur,
Et vous rendre vos droits dans le fonds de ſon cœur,
Je fuirai ſans murmure, & loin de votre vûe,
Au reſte des humains j'irai vivre inconnûe,
Ne pouvant vous nommer du tendre nom d'époux,
J'irai vivre, ou plûtôt, j'irai mourir pour vous.

VALERE.

Et moi, juſqu'au tombeau je jure de vous ſuivre.
Alzate, votre époux ſans vous pourrait-il vivre?
Le pouvez-vous penſer, cruelle épouſe, hélas!
Loin de moi vous iriez attendre un prompt trépas!
Croyez-vous que mon cœur approuvant votre envie
Aux dépens de vos jours veüille aſſurer ſa vie?
Que m'importent les biens, les plaiſirs les plus doux,
Si je ne les peux pas partager avec vous?
Je trouve tout en vous, rang, dignité, richeſſe:
Seule de mon deſtin vous calmez la triſteſſe:
Vous ſeule de mes maux adouciſſez l'aigreur:
Vous ſeule rempliſſez le vuide de mon cœur.
Je borne tous mes vœux, à vous voir, à vous plaire:
Rien, ſans vous, en un mot, ne peut me ſatisfaire.

Si pour s'unir à vous par de ſacrés liens,
Mon cœur de la fortune a dédaigné les biens,
Ce que j'ai déja fait, je veux le faire encore.
N'en es-tu pas le prix, cher objet que j'adore?
Tes graces, tes vertus, ce ſont là tes tréſors;
Et pour les conſerver, Alzate, quels efforts
N'oſerait point tenter le zéle qui m'anime!
C'eſt peu que de braver le ſort qui nous opprime;
(Je te le jure ici dans le ſein d'un ami;)
Si de mon pere encor le courroux ennemi
A mes ſoumiſſions refuſant de ſe rendre
Nous prive de la grace où nous devons prétendre;
Si d'un œil inflexible il me voit à ſes pieds,
Sans terminer le cours de ſes inimitiés;
Il faudra, pour briſer le ſaint nœud qui nous lie,
Qu'il commence d'abord par m'arracher la vie;
Je vivrai pour toi ſeule; & j'en fais le ſerment:
Chere épouſe, ton cœur m'en jure-t-il autant?

ALZATE.

Oui, je vous le promets, & veux de ma tendreſſe
Par cet embraſſement garantir la promeſſe.

ARISTE.

Que mon cœur eſt touché! vivez, tendres époux:
Le Ciel à vos deſirs prépare un ſort plus doux.
Allez: pour confirmer ce que je vous annonce,
J'attends de votre mere une prompte réponſe.

VALERE.

Ah ! ſi notre ſort change, & devient plus heureux,
Nous devrons ce ſuccès à vos ſoins généreux,
Cher Ariſte, & ce n'eſt qu'à votre amitié tendre
Que nous aurons tous deux mille graces à rendre.
Mais ne préſumez pas que notre ame jamais
Perde les ſentimens dûs à tant de bienfaits ;
Et qu'au fond de nos cœurs leur image tracée
Par un oubli coupable en puiſſe être effacée.

ARISTE.

Je ne mérite pas un retour ſi parfait.
J'agis comme tout autre à ma place aurait fait,
Et lorſque d'un ami j'adoucis la ſouffrance,
Le plaiſir que j'éprouve en eſt la récompenſe.
Pourrais-je faire moins pour ſignaler ma foi ?
La généroſité m'impoſe cette loi ;
Et ſi je réuſſis, ſouvenez-vous, Valere,
Que mes ſoins ſeraient vains ſans ceux de votre
mere.

SCENE IX.

ARISTE *seul.*

Ainsi donc l'ascendant d'un préjugé honteux
Force un pere crédule à traverser leurs feux.
Il pense que le cœur d'une Actrice charmante
Ne peut suivre pour guide une vertu constante.
Ah ! s'il n'était séduit par la prévention,
Jugerait-il ainsi de sa profession ?
Je ne m'étonne pas qu'aveugle en son délire
Le vulgaire flétrisse un talent qu'il admire,
Source de nos plaisirs, comme de nos vertus ;
Il se livre sans cesse à de pareils abus ;
Mais doit-on l'imiter ? & faut-il que le sage
Esclave, malgré soi, d'un tirannique usage
Que la droite raison ne sçaurait approuver,
Se borne à le blâmer, & n'ose le braver ?
Non, je veux . . .

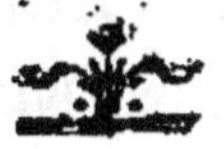

SCENE X.

ARISTE, EGLÉ, LISETTE, *ou* ALZATE.

EGLÉ *s'avançant vers Ariste & l'interrompant avec précipitation.*

AH! Monſieur, prenez part à ma joye;
Valere de ſes maux ne ſera plus la proye.
Oronte lui pardonne : à ſon fatal courroux
Succéde dans ſon cœur un ſentiment plus doux.
Il conſent à le voir, & lui rend ſa tendreſſe.

ARISTE.

Et ne craignez-vous point qu'il manque à ſa promeſſe?

EGLÉ.

Non, je la crois ſincere. A ſes remords livré
Des malheurs de ſon fils Oronte eſt pénétré.
Mais bientôt, diſiez-vous, Monſieur, par ſa préſence,
Valere allait calmer ma juſte impatience.
Faites-le donc venir, à ſes yeux aujourd'hui
Je veux faire éclater ma tendreſſe pour lui.

Son bonheur désormais occupe ſeul mon ame :
Il faut que je le comble en lui rendant ſa femme.
J'y travaille : & déja ſon pere eſt revenu
Du préjugé cruel qui l'avait prévenu.
Mais, Liſette, qu'as-tu ? tu me parais émüe.

LISETTE.

Quoi, de leur pardonner vous ſeriez réſolüe ?
Votre bonté ſuccéde à vos inimitiés ?
Madame, il eſt donc temps que je faſſe à vos pieds
D'une ruſe innocente éclater le myſtere.
C'eſt moi-même qui ſuis cette épouſe ſi chere,
Pour qui Valere épris d'une fidele ardeur
D'un pere & d'une mere a bravé la rigueur :
Et puiſque la pitié qui vous parle, Madame,
A mon ſort maintenant intéreſſe votre ame,
Voyez ce que mes ſoins ont fait pour l'obtenir ;
Et daignez en garder un tendre ſouvenir.
Vous aimâtes Liſette, & mon ame ſe flatte
Que vous retrouverez Liſette dans Alzate.
Pour vous en aſſurer, ſouffrez qu'à vos genoux
Par de nouveaux ſerments . . .

EGLE'.

Alzate, levez-vous :
Embraſſez votre mere. Oui, vous êtes ma fille :
Vos vertus ne ſçauraient qu'honorer ma famille.

Mon cœur, dès ce moment, cesse d'être surpris,
Que mon fils en ait sçû reconnaître le prix.
J'approuve son hymen, & sa juste tendresse
A mes yeux détrompés n'est plus une faiblesse.
Puisqu'il vous a connüe, il a dû vous aimer:
Vos nobles sentimens ont droit de tout charmer.
Je reconnais en vous l'épouse de Valere,
Et ce titre à mon cœur vous rend encor plus chere.

ALZATE.

Ah! que d'un nom si doux mon cœur serait flatté!
Mais je n'ose compter sur ma félicité,
Jusqu'à ce que je voye un infléxible pere,
Ainsi que vous, Madame, appaiser sa colere,
Et de son cœur enfin dépouillant le courroux
Rendre le pere au fils, & l'épouse à l'époux;
Mais Valere paraît.

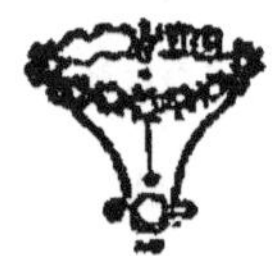

SCENE XI.

ÉGLE', VALERE, ARISTE, ALZATE.

ALZATE.

CHer objet de ma flâme,
Approchez : on sçait tout.

EGLE'.

Oui, mon fils.

VALERE.

Ah, Madame,
Vous me permettez donc de paraître à vos yeux ;
C'est votre ordre absolu qui m'appelle en ces lieux.
De la plus vile ardeur vous m'avez crû coupable,
Avant que de connaître une épouse estimable ;
Mais de ses tendres soins je reconnais l'effet ;
Je vois le changement qu'en votre ame ils ont fait :
Il ne vous reste plus, pour terminer ma peine,
Que de fléchir mon pere, & d'éteindre sa haine.
Achevez cet ouvrage, & par d'heureux efforts
De l'amour paternel réveillez les transports.
Faites-lui dans son fils voir un époux fidéle,
Qui, comme lui, brûlant d'une flâme éternelle,

Conserve à son épouse une constante foi,
Ce qu'il éprouve en lui, doit-il l'aigrir en moi?
Non, pour vous il n'est rien que mon pere ne fasse.

EGLE',

Que n'ai-je point tenté pour obtenir ta grace?
Je n'ai pas attendu que tes discours pressans
Réchauffassent en moi des transports languissans;
J'ai prévenu tes vœux en implorant ton pere.
Mes pleurs, & mon exemple ont calmé sa colere;
Mais il n'a point encor rassuré mon amour.
Je crains du préjugé l'ordinaire retour.
Je sçais trop que sa voix, souvent de la nature
Pour jamais dans un cœur étouffe le murmure.
Ainsi, pour confirmer un changement si doux,
Une seconde fois je veux voir mon époux.
Il vient: rentrez, mon fils; & vous, près de son pere,
Ariste, secondez les efforts d'une mere.

SCENE XII.

EGLE', ARISTE, ORONTE, ALZATE.

EGLE'.

VOus venez à propos : nous voulions vous parler.

ORONTE.

De quoi ? ...

ARISTE.

De votre fils : vous ſemblez vous troubler.
M'écouterez-vous ? quoi ! . . . Ce nom ſeul vous attriſte.

ORONTE.

Ah ! ceſſez de r'ouvrir mes bleſſures, Ariſte,
Et pour un fils ingrat n'allez pas rallumer
Un amour mal éteint prêt à ſe renflammer,
Qui, malgré ſon offenſe ; à ſon ſort m'intéreſſe,
Et me rendrait pour lui capable de faibleſſe.

ARISTE.

En eſt-ce une, Monſieur, de ſortir de l'erreur
Où la prévention entraîna votre cœur,
Et de ratifier un hymen légitime ?
Le véritable amour ne fut jamais un crime.

Au contraire, souvent ce penchant amoureux
Arrache un jeune cœur aux vices dangereux.
Il accroît le bonheur, soutient dans l'infortune;
Anime les vertus, & lui-même en est une.
Telle est la passion dont Valere est épris;
Et vous n'osez encor pardonner à ce fils?

ORONTE.

Je l'aime; mais comment, en cette conjoncture,
Satisfaire à la fois l'honneur & la nature?

ALZATE.

Je tremble.

EGLE' *à Oronte.*

Quel propos! vous repentiriez-vous
D'avoir laissé tantôt fléchir votre courroux?
Quoi donc? un faux honneur, un préjugé frivole
Pourrait vous engager à manquer de parole?
Eh bien, barbare époux, insensible à mes cris,
Poursuis, viens m'immoler en immolant ton fils.
Epuise sur nous deux ta haine criminelle;
N'épargne ni le fils, ni la mere...

ORONTE.

Ah! cruelle,
Pouvez-vous me tenir un semblable discours?
Est-ce vous qui parlez? vous pour qui j'ai toujours
Ressenti les ardeurs d'une constante flamme?
Vous qui fûtes toujours l'idole de mon ame?

Ne m'a-t-il pas ſuffi de voir couler vos pleurs ?
N'ai-je pas tout promis pour calmer vos douleurs ?
Que fallait-il de plus pour prouver ma tendreſſe ?
Que dis-je ? je ſuis prêt à remplir ma promeſſe.
De quel reproche donc venez-vous m'accabler ?
Chere épouſe, ceſſez, ceſſez de vous troubler.
Que ne ferais-je point pour finir vos allarmes ?
Mais que vois-je ? grand Dieu ? vous verſez tous des larmes ?
Vous Eglé, vous Liſette, & vous Ariſte auſſi !
A quelle horreur hélas ! ſuis-je réduit ici ?

EGLÉ.

Excuſez les tranſports d'une mere inquiéte.
Conſentez que Valere à vos genoux ſe jette ;
Et ne différez plus la fin de ſes malheurs.

ORONTE.

Je lui pardonne tout ; mais, eſſuyez vos pleurs.
Vos ſanglots redoublés déchirent trop mon ame.
à Ariſte.
Faites venir mon fils, cher Ariſte.
Ariſte ſort.

SCENE XIII.

EGLÉ, ORONTE, ALZATE.

ORONTE *continuant.*

Oui, Madame ;
Je l'attends avec joye, & lui rends en ce jour,
Son épouse, ses biens, & même mon amour.
En est-ce assez ? parlez, & pour vous satisfaire,

A Alzate qui se jette à genoux.

Ordonnez ; je suis prêt... Mais que prétens-tu faire
Lisette ?...

ALZATE.

Mon devoir. Par cet abaissement ;
Et les pleurs que mes yeux versent dans ce moment,
Reconnaissez en moi cette épouse coupable
D'avoir à votre fils pû paraître estimable.

ORONTE.

Quoi ! vous êtes ma fille, & vous serviez chez moi ?

ALZATE.

Oüi ; trop heureuſe encor, vivant ſous votre loi,
Si je vois au courroux qui cauſa ma triſteſſe,
De mon pere aujourd'hui ſuccéder la tendreſſe.
Je ne recherche qu'elle : hélas ! pour l'acquérir,
C'eſt peu de vous ſervir ; vous me verriez mourir,
Satisfaite en mourant que mon ame flattée
Pût ſe féliciter de l'avoir méritée.
Mais voici votre fils.

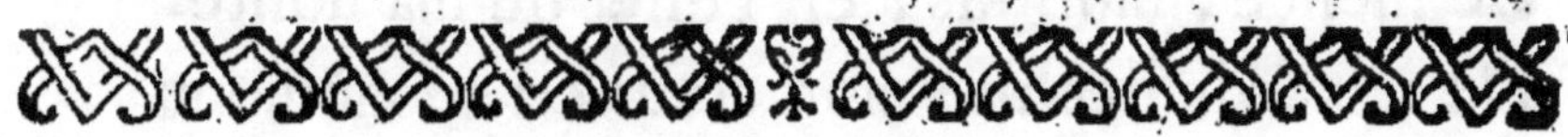

SCENE XIV ET DERNIERE.

EGLÉ, ORONTE, VALERE,
ARISTE, ALZATE.

ALZATE.

Avancez, cher époux ;
Venez de votre pere embraſſer les genoux ;
Implorez, comme moi, ſes bontés.

VALERE.

Ah ! mon pere,
Permettez qu'à vos pieds l'infortuné Valere

Ose vous faire entendre une timide voix ?
Que dois-je présumer du trouble où je vous vois ?
Parlez : si de mes maux votre ame est attendrie,
Pour vous avec plaisir je conserve ma vie ;
Mais si vous persistiez dans vos inimitiés,
C'en est fait : votre fils périrait à vos pieds.

ORONTE *le relevant, après une longue pause.*

Vivez ; si mon ardeur n'a point parû plus prompte,
Ce silence, mon fils, est l'effet de ma honte.
De remords déchiré mon cœur en ce moment
Se retraçait l'excès de son aveuglement :
Ma consolation est de pouvoir vous rendre,
Avec mon amitié, l'épouse la plus tendre.
Soyez ensemble heureux : mon cœur serait content,
Si vous pouviez sçavoir combien il se repent
De vous avoir causé tant de peines cruelles.
Je vous rends tous vos biens : vivez époux fidelles,
Et faites désormais les plaisirs les plus doux
D'un pere qui ne veut respirer que pour vous.
O vous, dont la vertu surpasse encor les charmes,
Vous dont mon injustice à fait couler les larmes,
Me pardonnerez-vous l'involontaire erreur
Qui contre vous arma mon aveugle fureur ?

A mes yeux prévenus cachant votre mérite
Un préjugé fatal excita ma poursuite.
Ah, daignez recevoir dans mes embrassemens
Le juste désaveu de mes faux sentimens.
Embrassez-moi, ma fille; un pere vous en prie.

ALZATE *l'embrassant.*

Par ce retour, Monsieur, vous me rendez la vie.
Je reconnais mon Maître à ces tendres bontés.

ORONTE.

Viens donc mettre le comble à mes félicités,
Mon fils, & ne crains plus cette rigueur austere,
Qu'efface pour jamais un répentir sincere.

VALERE.

Je vous retrouve enfin, & n'ai plus en ce jour
De vœux à faire au Ciel qui me rend votre amour.
Quel heureux changement! ah, mon pere! ah, Madame?
Quelle reconnoissance acquitera mon ame?
De vous ouvrir mon cœur que ne m'est-il permis?
Vous verriez à quel point ce cœur vous est soumis.

ORONTE.

De ces soumissions ma tendresse s'offense.

Vous ne nous devez pas tant de reconnaiſſance.
Je devrais bien plûtôt me reprocher toujours
D'avoir pû ſi long-tems abandonner vos jours
Aux perſécutions qu'un préjugé vulgaire . . .

EGLE'.

Ah, Monſieur, oublions une injuſte colere,
Et ſongeons ſeulement à réparer leurs maux.

ORONTE.

Oüi je veux déſormais qu'en des liens ſi beaux
Ils coulent avec nous leur douce deſtinée.
Allons ratifier un ſi tendre hymenée ;
Et que cette union des vertus l'heureux fruit
Triomphe dans ce jour du PRE'JUGE' DE'TRUIT.

FIN.

LIVRES NOUVEAUX

Qui se vendent à Paris chez la V. CAILLEAU *rue S. Jacques, au-dessus de la rue des Mathurins, à S. André.*

TRaité des Ponts, par M. Gautier, *in-8°. figures.* 9 l.

Traité de la Construction des Chemins, par le même, *in-8°. figures.* Edition nouvelle. 8 l.

Méditations Chrétiennes du R. P. Chapuis de la Compagnie de Jesus, 3 vol. *in-12. sous presse.*

Bibliothéque des Philosophes Alchimiques ou Hermetiques, pour faire une suite à la Bibliothéque des Philosophes Chimiques. 1 vol. *in-12. sous presse.*

Lettre anonyme adressée à M. Fréron. 12 sols

L'Infortuné François, ou les Mémoires & Aventures du Marquis de Couranges, *Traduits de l'Anglois.* 1 l. 4 s.

Alzate, ou le Préjugé détruit, Piéce en un Acte & en Vers, par M. G... Dourx..... 1 l. 4 s.

Piéces de Théâtre détachées tant anciennes que nouvelles, toutes sortes de Tragédies, Comédies, Opéra-Comiques & Parodies.

Il se trouve chez le même Libraire des Livres d'Assortiments de tout genre, tant de France que des Pays étrangers.

www.ingramcontent.com/pod-product-compliance
Lightning Source LLC
LaVergne TN
LVHW021715230826
846091LV00006BA/2184

9782012733435